CURSUS

Lerntagebuch
mit Lösungen

Lektionen 1–20

Ausgabe A

Bearbeitet von Dennis Gressel und
Dr. Sabine Wedner-Bianzano

C.C.Buchner Verlag, Bamberg
J. Lindauer Verlag, München
Oldenbourg Schulbuchverlag, München

Cursus, Ausgabe A
Herausgegeben von Michael Hotz und Prof. Dr. Friedrich Maier

Lerntagebuch
mit Lösungen
Lektionen 1–20
Bearbeitet von Dennis Gressel und Dr. Sabine Wedner-Bianzano

Bildnachweis

Titelbild: akg-images/Erich Lessing

akg-images/Peter Connolly – S. 6.5; akg-images/Erich Lessing – S. 37; akg-images/Nimatallah – S. 41; Alamy Stock Photo/Arterra Picture Library – S. 6.2; Alamy Stock Photo/Witold Skrypczak – S. 6.6; Alete GmbH, Bad Homburg – S. 5.1; AUDI AG, Ingolstadt – S. 5.5; Fotolia/Bernard GIRARDIN – S. 6.3, 13; NIVEA, Hamburg – S. 5.3; Photo Scala – S. 45; Thinkstock/iStockphoto, Jpiks1 – S. 6.1; Thinkstock/iStockphoto, TomasSereda – S. 6.4; Unilever, Hamburg – S. 5.2; Volvo Cars, Köln – S. 5.4.

Lösungsteil, S. 7: Photo Scala

1. Auflage, 1. Druck 2017
Alle Drucke dieser Auflage sind, weil untereinander unverändert, nebeneinander benutzbar.

Redaktion: Andrea Forster
Illustration: Kristina Klotz, München
Umschlagkonzept: Mendell & Oberer, München
Umschlaggestaltung: Erasmi + Stein, München
Layoutkonzept: krauß-verlagsservice, Ederheim/Hürnheim
Satz: krauß-verlagsservice, Ederheim/Hürnheim
Druck und Bindung: Brüder Glöckler GmbH, Wöllersdorf

www.ccbuchner.de
www.oldenbourg.de

ISBN 978-3-661-**40109**-6 (C.C.Buchner Verlag)
978-3-637-02340-6 (Oldenbourg Schulbuchverlag)

Liebe Schülerinnen und Schüler,

dieses Lerntagebuch soll euch durch die ersten zwanzig Lektionen in eurem CURSUS begleiten. Damit ihr euch schnell zurechtfindet, erklären wir euch kurz, wie das Lerntagebuch funktioniert:

- **Tipps und Tools** (S. 4)
  Es ist sinnvoll, mit dieser Seite zu beginnen. Hier bekommt ihr eine Übersicht über die Lernformen und Hilfen zum Vokabellernen.

- **Was ich schon über Latein und die Römer weiß** (S. 5/6)
  Hier könnt ihr zeigen, was ihr schon über die lateinische Sprache und die antike römische Kultur wisst.

- **Kopiervorlage** (S. 7)
  Auf der Kopiervorlage könnt ihr euren Lernfortschritt dokumentieren. Grundsätzlich gilt: Wenn ihr Hilfe von eurer Lateinlehrerin oder eurem Lateinlehrer braucht, dann nehmt sie in Anspruch. So bekommt ihr auch zusätzliches Übungsmaterial.

- **Lektionsseiten** (S. 8–53)
  Im Anschluss daran finden sich jeweils zwei Seiten zu jeder Lektion. Immer wenn ihr eine Lektion im Schulunterricht abgeschlossen habt, könnt ihr euren Wissensstand auf dieser Doppelseite testen und euch selbst überprüfen. Dabei solltet ihr folgendermaßen vorgehen:

  - Bearbeitet zuerst die angebotenen Aufgaben zu den Bereichen **Wortschatz**, **Grammatik**, **Text** und **Antike**.
  - Vergleicht eure Antworten mit den Lösungen im beiliegenden Lösungsteil.
  - Füllt nun die Tabellen zur Selbsteinschätzung aus. Seid dabei ehrlich zu euch selbst.
    Die Tabellen sind so zu verstehen:

☺☺	Das kann ich besonders gut.
☺	Das kann ich gut.
😐	Das kann ich einigermaßen.
☹	Das kann ich weniger gut. Das muss ich noch üben.
☹☹	Das kann ich noch nicht. Das muss ich auf jeden Fall noch üben.

  - Dort, wo ihr in den Tabellen ☹ oder ☹☹ angekreuzt habt, solltet ihr noch einmal mithilfe eures CURSUS und vielleicht auch weiteren Zusatzmaterials üben. Manchmal bieten wir euch auch Übungsvorschläge an. Diese Übungen beziehen sich immer auf euren CURSUS.

- **Tabellen** (S. 54–62)
  Im Anhang findet ihr zahlreiche Tabellen, die euch beim Lernen unterstützen. Ihr findet auf den Lektionsseiten Verweise darauf, wann es sinnvoll ist, diese Tabellen auszufüllen. Vergleicht eure Eintragungen, wenn ihr unsicher seid, mit der Begleitgrammatik.

- **Mein Wortschatz – Meine *familia*** (S. 63)
  Hier könnt ihr euch Wörter, die eine ähnliche oder gegensätzliche Bedeutung haben, aufschreiben und eure Familien zeichnen und jedem Familienmitglied die lateinische Bezeichnung, z. B. *mater*, geben.

- **Meine Notizen** (S. 64)
  Hier schreibt ihr auf, was an anderer Stelle keinen Platz gefunden hat, z. B. eigene Lerntipps, besonders interessante oder schwer zu merkende Vokabeln und Formen oder Grammatikregeln usw.

Wir wünschen euch viel Spaß und Erfolg mit eurem Lerntagebuch!

LERNTIPPS – VOKABELN

- *Aus dem **Buch** lernen:*
  Decke zuerst die lateinische Spalte ab, nenne das Wort mit allen Lernformen. Im zweiten Durchgang decke die deutsche Spalte ab und kümmere dich um alle wichtigen Bedeutungen.
- *Mit dem **Vokabelheft** lernen:*
  Schaffe dir am besten ein Heft mit drei Spalten an. Lateinische Wörter gehören in die linke, deutsche in die mittlere Spalte. In der rechten Spalte kannst du dir Hilfen eintragen oder auch zeichnen.

LERNFORMEN

- bei Verben: 1. P. Sg. Präsens, 1. P. Sg. Perfekt (clamare: **clamo, clamavi**);
- bei Substantiven: Genitiv Sg., Genus (eques: **equitis m**);
- bei Adjektiven: Femininum- und Neutrumform im Nom. Sg. (magnus: **magna, magnum**);
- bei Präpositionen: Kasus (ad: **m. Akk.**)

- *Mit **Karteikarten** lernen:*
  Nutze die Vokabelkartei zum CURSUS oder lege dir eine eigene Kartei an. Schreibe hierzu die lateinische Grundform auf die eine Seite der Karte. Lernformen und deutsche Bedeutung(en) gehören auf die andere. Wenn du willst, kannst du Karten mit verschiedenen Farben verwenden, um so die Karten z. B. nach Wortarten zu sortieren. Teile deinen Kasten in mehrere Fächer ein. Wenn du Vokabeln richtig gut kannst, sortiere sie ganz hinten ein. Vorne sollten immer die Wörter bleiben, die du noch üben musst.
- *Mit dem **Computer** lernen:*
  Informiere dich über die verschiedenen Vokabel-Lernprogramme und entscheide dich für das, das dir am besten liegt.

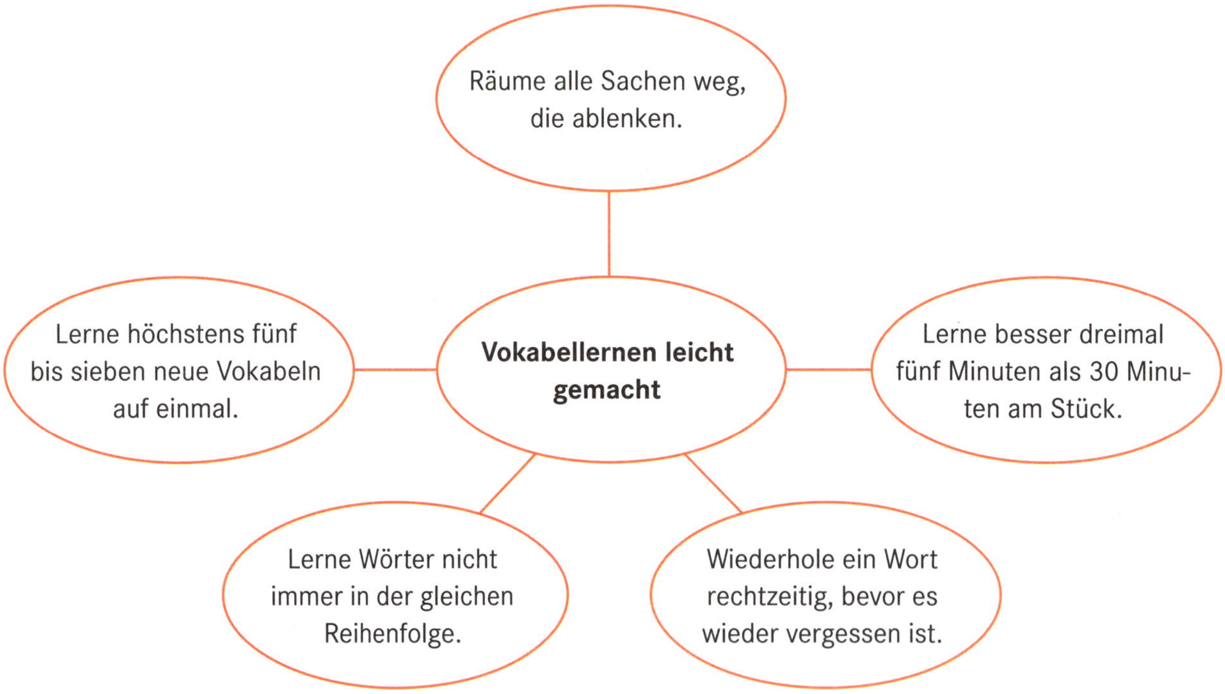

Noch mehr Tipps:

- Erfinde Eselsbrücken.
- Sammle Begriffe, die zusammengehören oder das Gegenteil voneinander ausdrücken.
- Sammle mehrere Vokabeln unter einem Thema.
- Erfinde kleine Geschichten, Lieder oder Reime als Merkhilfen.
- Merke dir Vokabeln mithilfe anderer Sprachen.
- Stelle Wörter pantomimisch dar.

WAS ICH SCHON ÜBER LATEIN UND DIE RÖMER WEISS

1. Monatsnamen

Streiche die Begriffe durch, die mit dem Monatsnamen nichts zu tun haben.

MÄRZ	Martial	JULI	Iulius Caesar
	Mars, der Kriegsgott		Julia Schmidt
	Marsch		Juli Zeh

JUNI	Iunius Decimus	AUGUST	Argument
	Junia Müller		Adler
	Iuno, die Göttermutter		Augustus, der römische Kaiser

2. Werbung

Wähle aus der Liste die Übersetzung der Produkte aus, die du aus der Werbung kennst.

ich rolle – schneeweiß – Nährt! – Horch! – groß

Alete®	
MAGNUM	
NIVEA	
VOLVO	
Audi	

3. Bauwerke

Verbinde Bild und Bezeichnung. Welches Bauwerk hast du schon einmal tatsächlich gesehen?

- Pont du Gard
- Kolosseum
- Pantheon
- Tempel in Nîmes
- Theater in Orange
- Circus Maximus

a.

b.

c.

d.

e.

f.

4. Wörter

Du kennst schon einige lateinische Wörter. Übersetze sie ins Deutsche.

fenestra – ______________________

rosa – ______________________

vinum – ______________________

mater – ______________________

pater – ______________________

bestia – ______________________

schola – ______________________

ventus – ______________________

Name:	Klasse:	LEKTION:

	WORTSCHATZ		GRAMMATIK		TEXT		ANTIKE	
Das habe ich gemacht.	Datum:		Datum:		Datum:		Datum:	
	Datum:		Datum:		Datum:		Datum:	
	Datum:		Datum:		Datum:		Datum:	
Das kann ich.								
Das kann ich nicht.								
Das will ich noch wissen.								
Dazu hätte ich noch gerne Übungsmaterial.								

Meine Notizen (z. B. „Das gefällt mir/nicht“, „Eigene Hilfen“, „Was ich sonst noch sagen wollte“):

WORTSCHATZ

1 Suche alle Fragewörter heraus und übersetze sie.

etiam – subito – ubi – et – ecce – quis – non – cur – non iam

____

Eines fehlt. Erinnerst du dich? ______________________________

2 Markiere die passenden Prädikate.

Amica venit/tacet/iacet/ardet/est.

3 Unterstreiche die Wörter, die etwas mit Geräuschen zu tun haben.

tacere – ardere – exspectare – clamare – subito – silentium – esse

	☺☺	☺	😐	☹	☹☹
Ich kann mir neue Vokabeln schnell merken.					
Ich kenne die wichtigsten Grundregeln fürs Vokabellernen.					
Ich kann die Vokabeln nach inhaltlichen Kriterien (wie z. B. Geräuschen) ordnen.					

→ *Beachte auch die Lerntipps – Vokabeln S. 4 und Insel 1, S. 31.*

GRAMMATIK

4 Schreibe das Genus/Geschlecht (*m, f, n*) hinter die Substantive.

sol ______ – amica ______ – asinus ______ – silentium ______ – villa ______ – canis ______

5 Ergänze die Vokale am Ende des Präsensstamms und die Person-Zeichen.

Servus ven______. – Sol ard______. – Asinus clam______.

6 Setze die Substantive und Verben zu sinnvollen Zwei-Wort-Sätzen zusammen und übersetze. Ein Wort bleibt in jeder Zeile übrig.

____

sol – silentium – canis – amica ____

exspectat – ardere – est – venit ____

	☺☺	☺	😐	☹	☹☹
Ich erkenne die Satzglieder (Subjekt, Prädikat).					
Ich kenne die Zeichen für den Infinitiv und die 3. Person Singular der Verben.					
Ich kann kleine lateinische Sätze bilden.					

→ *L 1, Übung 4*

→ *L 1, Übungen 1/2*

→ *L 1, Übung 1*

TEXT

Immer warten ...

Aber manchmal kommt es anders, als man denkt.

Quintus stat, exspectat. Silentium est, sol ardet. Canis tacet. Etiam asinus tacet.
Cur amica non venit? Non iam placet exspectare, non iam placet silentium.
Subito asinus clamat, etiam Quintus clamat.
Quid est? Villa ardet.

7 Übersetze den Text in ein angemessenes Deutsch.

	☺☺	☺	😐	☹	☹☹
Ich kann den Text mithilfe von Überschrift, Einleitung und einigen wichtigen Wörtern verstehen.					
Ich kann den Inhalt des Textes mit eigenen Worten wiedergeben.					
Ich kann den Text in ein angemessenes Deutsch übersetzen.					

ANTIKE

8 Kreuze an, welche Aussagen richtig sind.

- ☐ Rom ist zur Zeit des Kaisers Hadrian eine Großstadt mit 250 000 Einwohnern.
- ☐ Mietshäuser besaßen oft keine Küchen.
- ☐ Im Peristyl nehmen die Römer ihr Abendessen ein.
- ☐ Reiche Römer hatten in der Regel eine eigene Toilette in der Küche.

9 Ordne die lateinischen Bezeichnungen den deutschen zu.

Atrium Peristyl Triklinum Tablinum	Empfangshalle Säulenhof Wohnzimmer Esszimmer

	☺☺	☺	😐	☹	☹☹
Ich weiß, wie ein vornehmer Römer wohnte.					
Ich kann beschreiben, wie das Leben in Rom zur Zeit Hadrians war.					

WORTSCHATZ

1 Übersetze die beiden Sätze. Achte dabei auf die Übersetzung von *sed*.

a. Flavia clamat, sed canis non venit. ____________________

b. Canis non venit, sed stat. ____________________

2 Markiere die möglichen Antworten auf folgende Frage: *Ubi est Quintus?*

et – ibi – sed – procul – tum – certe

Nenne alle lateinischen Wörter mit der Bedeutung „und“.

____

	☺☺	☺	😐	☹	☹☹
Ich kann noch die Vokabeln von L 1.					
Ich kann dieselbe Vokabel je nach Zusammenhang richtig übersetzen.					
Ich kann die Bedeutungen der unveränderlichen Wörter unterscheiden.					

GRAMMATIK

3 Unterstreiche alle Substantive im Plural grün und alle Verben im Plural rot.

familia – gaudent – amici – properat – matronae – dona – servus – veniunt – placet – asini – est – villae – sunt

4 Übersetze folgende Sätze mündlich. Wandle sie anschließend in den anderen Numerus um und übersetze sie schriftlich.

a. Amicus exspectat. ____________________

b. Servi veniunt. ____________________

c. Equi gaudent. ____________________

d. Serva apparet. ____________________

e. Dona placent. ____________________

	☺☺	☺	😐	☹	☹☹	
Ich kann Singular und Plural bei Substantiven unterscheiden.						→ *Ergänze die Tabelle S. 54.*
Ich kann Singular und Plural bei Verben unterscheiden.						→ *Ergänze die Tabellen S. 56/58.*
Ich kann bei Substantiven und Verben Singular und Plural bilden.						→ *L 2, Übungen 1/2*

TEXT

Hungrige Tiere

Nachdem Quintus lange in der Hitze gewartet hat, kommen nun endlich die Flavier.

Quintus gaudet et servae rident, nam Syrus servus dona apportat. Et Flavia venit, sed non sola (allein). Tota (die ganze) familia apparet. Etiam asini ac equi veniunt. Quintus: „Flavia, quid Syrus apportat?“ Flavia: „Crustula (Kekse) sunt. Heu (Achtung), equi et asini.“

5 Übersetze den Text in ein angemessenes Deutsch.

	☺☺	☺	😐	☹	☹☹
Ich kann mithilfe der Überschrift und der Bedeutung der Wörter Vermutungen zu dem Textinhalt anstellen.					
Ich kann den Inhalt des Textes mit eigenen Worten wiedergeben.					
Ich kann den Text in ein angemessenes Deutsch übersetzen.					

ANTIKE

6 Nenne die Personen (wenn möglich lateinisch), die zu einer römischen Familie gezählt wurden.

____

____

____

7 Benenne die Teile eines römischen Männernamens.

__________ __________ __________

Publius Clodius Pulcher

8 Ziehe Caecilia an. Wähle dazu aus der Liste die passenden Kleidungsstücke aus.

palla – toga – tunica – stola

	☺☺	☺	😐	☹	☹☹
Ich weiß, welche Mitglieder eine römische Familie hatte.					
Ich weiß, wie römische Frauen und Männer zu ihren Namen kamen.					
Ich weiß, wie römische Frauen gekleidet waren.					

WORTSCHATZ

1 Unterstreiche Zeitangaben einfach und Ortsangaben doppelt.

subito – etiam – ubi – cito – iam – procul – cur – nunc – nam – hic – statim – valde – ibi – tum

2 Markiere den Oberbegriff, zu dem folgende Wörter gehören: periculum – timere – clamare – lacrima.

Familie – Angst – Natur – Bewegung

3 Nenne alle Personal-Pronomina, die du bereits kennengelernt hast.

____

	☺☺	☺	😐	☹	☹☹
Ich kann die Vokabeln von L 1 bis 3.					
Ich kann die Vokabeln nach inhaltlichen Kriterien (z. B. Ort und Zeit) sortieren.					
Ich kann Vokabeln bestimmten Oberbegriffen zuordnen.					

→ Beachte auch die Lerntipps – Vokabeln S. 4 und Insel 1, S. 31.

GRAMMATIK

4 Markiere in der Wörterliste alle Akkusative. Unterstreiche doppeldeutige Formen zweifach.

nuntium – lacrima – periculum – matronas – amicae – dona – servus – provinciam

5 Nenne zum deutschen Personal-Pronomen das lateinische Person-Zeichen.

ich: ______ du: ______ er, sie, es: ______ wir: ______ ihr: ______ sie: ______

6 Setze zu passenden Zwei-Wort-Sätzen zusammen und übersetze.

exspecto – amici – eques – timemus – appropinquat – nuntium – pericula – gaudent

____

____

____

____

	☺☺	☺	😐	☹	☹☹
Ich kann Formen im Akkusativ erkennen.					
Ich kann Verben der a-, e- und i-Konjugation konjugieren.					
Ich kann doppeldeutige Substantivformen erkennen.					

→ Ergänze die Tabelle S. 54.

→ Ergänze die Tabelle S. 56. L 3, Übung 2

→ L 3, Übung 1

TEXT

Zur Abfahrt bereit?

Nach dem Befehl des Kaisers müssen die Flavier alle Vorbereitungen treffen.

M. Flavius Lepidus in Cretam navigare debet. Marcus et Aulus gaudent. Caecilia matrona tacet, nam pericula timet. Servi ac servae veniunt et rogant: „Quid est, Caecilia? Cur in Cretam navigamus?" Caecilia respondet: „Flavius Lepidus provinciam administrare debet. Statim parere et omnia (alles) parare debetis."

7 Übersetze den Text in ein angemessenes Deutsch.

	☺☺	☺	😐	☹	☹☹
Ich kann den Text mithilfe der Überschrift, des Einleitungstextes und der Schlüsselbegriffe verstehen.					
Ich kann den Inhalt des Textes mit eigenen Worten wiedergeben.					
Ich kann den Text in ein angemessenes Deutsch übersetzen.					

ANTIKE

8 Nenne die Aufgaben eines römischen Statthalters (*procurator*).

____

____

9 Markiere, welche Handelsgüter man auf einem römischen Markt kaufen konnte.

syrische Stoffe – Kartoffeln – Bernstein – spanischen Silberschmuck – Leder – chinesische Seide

10. Beschreibe, wozu das Bauwerk auf dem Bild diente.

____

____

____

____

	☺☺	☺	😐	☹	☹☹
Ich weiß, was eine Provinz war.					
Ich weiß, welche Teile Deutschlands zum Römischen Reich gehörten.					
Ich weiß, welche Funktion ein Aquädukt hatte.					

WORTSCHATZ

1 Gib zu den Wörtern, wo es möglich ist, den Genitiv an.

homo – sedo – deus – clamor – neque – regina – senator – spectaculum – canis

2 Markiere alle Wörter, die eine Bewegung ausdrücken.

appropinquare – cogitare – properare – videre – iacere – apportare – navigare – intrare – sedere

3 Nenne drei Substantive, die auf *-or* enden, und ihre Bedeutung.

	☺☺	☺	😐	☹	☹☹
Ich kann noch die Vokabeln von L 1 bis 3.					
Ich kenne auch die Genitive zu den Substantiven.					
Ich kenne Substantive der Konsonantischen Deklination.					

→ *L 4, Übung 3*

GRAMMATIK

4 Markiere alle Genitive und unterstreiche doppeldeutige Formen zweifach.

nuntii – periculi – ubi – equum – equitum – senatorum – servum – deae – imperatoris

5 Erkläre, wie die Kasus-Zeichen für den Akkusativ bei allen drei bekannten Deklinationen aussehen. Suche jeweils ein passendes Beispiel dazu aus der Wörterliste.

hominum – deum – signum – tum – amicam – iam – nam – clamorem – vides – dei – diu – deos – lacrimas – sed – dona – ac – clamores

6 Verbinde die Substantive und Verben zu sinnvollen Drei-Wort-Sätzen und übersetze.

Clamorem	solis	intro.
Villam	asini	audit.
Ardorem	amici	timemus.

	☺☺	☺	😐	☹	☹☹
Ich kann Formen im Akkusativ erkennen.					
Ich kann Formen im Genitiv erkennen.					
Ich kann die Bildung des Genitivs erklären.					

→ *L 4, Übung 1*

→ *Ergänze die Tabellen S. 54.*
L 4, Übung 2

TEXT

7 Kreuze an, welche Aussagen richtig sind, nachdem du den Lektionstext 4 gelesen hast.

- [ ] Flavius senator avus Flaviae est.
- [ ] M. Antonius consul amicus Domitiorum est.
- [ ] Quintus videt simulacra deorum.
- [ ] Venus regina dearum est.

8 Korrigiere die falschen Aussagen auf Deutsch oder Lateinisch.

____

____

9 Beschreibe Flavias Stimmung im Circus. Nenne die Begriffe im Lektionstext 4, die das belegen.

____

____

____

____

	☺☺	☺	😐	☹	☹☹
Ich kann einen Text lesen und dann beurteilen, ob Aussagen dazu richtig oder falsch sind.					
Ich kann Aussagen zum Inhalt eines Textes selbst formulieren.					
Ich kann Begriffe im Text finden, die mir etwas Bestimmtes zum Inhalt verraten.					

ANTIKE

10 Nenne das Bauwerk, in dem die bedeutendsten Wagenrennen der Antike stattfanden.

____

11 Was kannst du beim Wagenrennen sehen? Markiere die entsprechenden Wörter.

senatores – asinus – imperator – villa – equi – provincia – spectaculum – pompa – clamor – dea amoris

12 Benenne drei Hauptgottheiten der Römer, deren Abbilder auch beim Wagenrennen zu sehen waren.

____

	☺☺	☺	😐	☹	☹☹
Ich weiß, wie ein Wagenrennen organisiert war.					
Ich kann Unterschiede und Gemeinsamkeiten zu modernen Wagenrennen benennen.					
Ich kenne einige römische Gottheiten und ihre Bedeutung.					

WORTSCHATZ

1 Nenne Vokabeln zum Oberbegriff „Gericht“. Finde mindestens vier.

____

2 Übersetze die Sätze. Achte dabei auf die Bedeutung von *quaerere*.

a. Servi furem quaerunt. ______________________________

b. Quintus quaerit: „Ubi fur est?“ ______________________________

3 Übersetze den Harry-Potter-Zauberspruch: *„Exspecto patronum!“*

____

	☺☺	☺	😐	☹	☹☹
Ich kann mir neue Vokabeln schnell merken.					
Ich kann dieselbe Vokabel je nach Zusammenhang unterschiedlich übersetzen.					
Ich kann Vokabeln Oberbegriffen zuordnen.					

GRAMMATIK

4 Ergänze jeweils die Kasus-Zeichen für den Dativ Singular und Plural.

Singular:

patron_____ – fug_____ – spectacul_____ – senator_____ – homin_____

Plural:

asin_____ – provinci_____ – don_____ – clamor_____ – equit_____

5 Markiere die Verben der e-Konjugation und der Konsonantischen Konjugation entsprechend mit den Zeichen für lange oder kurze Silben (z. B. tacēre, dicĕre).

Nenne zu allen Verben noch die 1. Person Sg.

ludere	
timere	
sedere	

sumere	
legere	
solere	

	☺☺	☺	😐	☹	☹☹	
Ich kann die Kasus-Zeichen für den Dativ nennen.						→ *Ergänze die Tabellen S. 54. L 5, Übungen 2/3*
Ich kann Formen im Dativ erkennen.						→ *L 5, Übung 5*
Ich kann die e- und die Konsonantische Konjugation voneinander unterscheiden.						→ *Ergänze die Tabelle S. 56. L 5, Übung 1*

TEXT

Auf dem Forum

Quintus ist mit seinen Freunden auf dem Forum Romanum verabredet.

Gaius et Lucius Quintum exspectant. Sed amicus non venit, nam patri epistulas apportare debet. Pater Quinti patronus causae est. Dum amici exspectant, homo amicis appropinquat et rogat: „Ubi est basilica Iulia, amici? Patronus sum et ex Gallia (aus Gallien) venio.“ Lucius homini respondet: „Ante basilicam (Basilika) stamus. Hic aditus (Eingang) est.“ Dum patronus decedit, amici rident: „Patronus est, sed patronus caecus (blind).“

6 Übersetze den Text in ein angemessenes Deutsch.

	☺☺	☺	😐	☹	☹☹
Ich kann den Inhalt des Textes mit eigenen Worten wiedergeben.					
Ich kann den Text in ein angemessenes Deutsch übersetzen.					

ANTIKE

7 Gib an, wozu die *basilica* auf dem Forum Romanum diente.

____

____

8 Nenne die Funktion von *curia* und *rostra*.

____

____

____

9 Nenne mindestens drei Tempel, die auf dem Forum Romanum zu finden waren.

____

____

____

	☺☺	☺	😐	☹	☹☹
Ich weiß, wozu eine römische *basilica* diente.					
Ich weiß, welche Funktion die *curia* und die *rostra* hatten.					
Ich weiß, welche Tempel sich auf dem Forum Romanum befanden.					

WORTSCHATZ

1 Nenne zu folgenden Infinitiven die 1. Person Singular und die Bedeutung der Verben.

sumere ______ – solere ______ – decedere ______ –

sedere ______ – tenere ______ – respondere ______ –

legere ______ – dicere ______ – parere ______

2 Schreibe hinter die Substantive die entsprechenden Deklinationen, das Genus und die Bedeutung.

periculum ______ – ardor ______ – eques

______ – pater ______ – fur ______ –

reus ______ – lacrima ______

3 Nenne jeweils alle möglichen Bedeutungen.

debere ______ tum ______

neque ______ nuntius ______

	☺☺	☺	😐	☹	☹☹
Ich kann die Vokabeln von L 1 bis 5.					
Ich kann Substantive ihren Deklinationen zuordnen.					
Ich kann die mehrdeutigen Wörter.					

GRAMMATIK

4 Bestimme und übersetze die Formen.

verbis ______; dormis ______; hominis ______;

consulis ______; dicis ______; asinis ______;

solis ______; ludis ______; clamoris ______

5 Füge zu Drei-Wort-Sätzen zusammen.

verba – imperatoris – servus – audiunt – domino – paret

______

______

	☺☺	☺	😐	☹	☹☹
Ich erkenne die Formen der Substantive und Verben.					
Ich kann die Formen der Substantive und Verben übersetzen.					
Ich kann passende Wörter zu Sätzen zusammenfügen.					

TEXT

Nox est. Familia Flaviae dormit. Subito pater familias clamorem audit et servos vocat. Etiam Flavia accurrit, servos et patrem videt, verba patris audit: „Fur in villa est, servi. Furem quaerere debetis.“ Statim servi domino parent et properant. Dum servi ubique (überall) furem quaerunt, Flavia stat neque lacrimas iam tenet. Sola (allein) enim est et fures valde timet. Tandem Galla serva Flaviae appropinquat et Flaviam salutat. Tum Flavia gaudet. Nam non iam sola (allein) est.

6 Lies dir den Text durch und gib ihm eine deutsche oder lateinische Überschrift.

7 Übersetze den Text in ein angemessenes Deutsch.

8 Gib mit eigenen Worten wieder, worum es in der Geschichte geht.

____

	☺☺	☺	😐	☹	☹☹
Ich kann den Text mit einer sinnvollen Überschrift versehen.					
Ich kann den Text inhaltlich verstehen.					
Ich kann den Text angemessen übersetzen.					

ANTIKE

Das römische Stadthaus

Vom Eingang gelangt man zuerst in das Atrium, das nach obenhin geöffnet ist. Wenn es regnet, sammelt sich das Regenwasser in einem Wasserbecken in der Mitte des Raums (*impluvium*). Rings um das Atrium liegen die Schlafzimmer (*cubicula*), das Wohn- und Arbeitszimmer (*tablinum*), das Speisezimmer (*triclinium*) und die Küche (*culina*). Die Toilette (*latrina*) befindet sich meist in der Küche. Hat der Garten einen Säulenhof, so nennt man diesen *peristylium*.

9 Beantworte folgende Fragen.

a. Ubi servae cenam (Essen) parant? ______________ b. Ubi Flavia dormit? ______________

c. Ubi amici ludunt? ______________ d. Ubi latrina est? ______________

10. Schreibe in römischen Zahlzeichen.

9: ______ 19: ______ 90: ______ 95: ______

6: ______ 16: ______ 66: ______ 106: ______

	☺☺	☺	😐	☹	☹☹
Ich kenne die lateinischen Begriffe für die Räume eines Hauses.					
Ich kenne die römischen Zahlzeichen.					
Ich kann Zahlen in römischen Zahlzeichen notieren.					

WORTSCHATZ

1 Stelle drei Wörter aus Lektion 6 zu dem Oberbegriff „Meer“ zusammen.

a. ______ b. ______ c. ______

2 Übersetze und entscheide, welche Bedeutung das Verb *debere* jeweils hat.

a. Amico donum debes.

______

b. Parere debes.

______

3 Übersetze und wähle die jeweils passende Bedeutung von *magnus, -a, -um*.

a. Villa magna est.

______

b. Hadrianus imperator magnus est.

______

	☺☺	☺	😐	☹	☹☹
Ich kann noch die Vokabeln von L 1 bis 5.					
Ich kenne die unterschiedlichen Bedeutungen mehrdeutiger Wörter.					
Ich kann Wörter bestimmten Oberbegriffen zuordnen.					

GRAMMATIK

4 Markiere die Imperative. Übersetze sie.

audi – ludimus – venite – das – da – date – datis – clamat – taces – tace – dic – lude

______

______

5 Setze die Substantive und Adjektive zu passenden Zwei-Wort-Verbindungen zusammen und übersetze.

deos	maestum	______
nautarum	magna	______
dominum	laetos	______
villa	multa	______
pericula	maestorum	______

	☺☺	☺	😐	☹	☹☹	
Ich kann Imperativformen erkennen.						→ *L 6, Übung 2*
Ich kann die Bildung von Imperativformen erklären.						
Ich weiß, wie Adjektive dekliniert und verwendet werden.						→ *Ergänze die Tabelle S. 55. L 6, Übung 1*

TEXT

Achtung, Überfall!

______ Iam piratae in navem invadunt. ______ Tum Flavia valde timet et clamat: ______ Flavii laeti sunt. Nam ventus secundus est. ______ Subito piratae navi appropinquant. ______ Etiam Aulus vocat: „Nautae, navem defendite et piratas in fugam date!“ ______ „Ubique multi piratae sunt.“ ______ Sed Caecilia vocat: „O regina dearum, defende nos (uns), benigna (gnädig) es!“

6 Hier sind einige Sätze durcheinandergeraten. Bringe sie wieder in die richtige Reihenfolge und übersetze dann. Die kleinen Wörter an den Satzanfängen geben dir Hinweise.

	☺☺	☺	😐	☹	☹☹
Ich kann den Inhalt des Textes verstehen.					
Ich kann den Text anhand des Inhalts in eine sinnvolle Ordnung bringen.					
Ich kann den Text übersetzen.					

ANTIKE

7 Unterstreiche die Teile, die zu einem antiken Handelsschiff gehören konnten.

Ruder – Motor – Schiffspapiere – Segel – Soldaten – GPS – Rammsporn

8 Welche Orientierungspunkte oder Hilfen konnten die Seeleute bei ihrer Seefahrt benutzen?

____

____

9 Nenne einige Gefahren für Reisende in der Antike.

____

____

____

	☺☺	☺	😐	☹	☹☹
Ich weiß einiges über die Seefahrt in der Antike.					
Ich weiß, wie ein antikes Schiff gebaut war.					
Ich kann Unterschiede und Gemeinsamkeiten zwischen antiken Kriegs- und Handelsschiffen benennen.					

WORTSCHATZ

1 Schreibe hinter die Präpositionen, ob sie mit dem Akkusativ (Akk.) oder Ablativ (Abl.) stehen. Bei einer Präposition gibt es beide Möglichkeiten.

ex ________ – ad ________ – in ________ – ante ________ – sine ________ – cum ________

2 Übersetze und beschreibe anhand der Sätze die unterschiedliche Verwendung von *in*.

a. Quintus in foro ambulat. ____________________

____

b. Flavia in forum venit. ____________________

____

3 Markiere inhaltlich verwandte Wortpaare mit derselben Farbe.

oculus – cogitare – mortuus – spectare – iucundus – necare – mens – voluptas

	☺☺	☺	😐	☹	☹☹
Ich kann neue Vokabeln nach Wortarten unterscheiden.					
Ich kann dieselbe Vokabel je nach Zusammenhang unterschiedlich übersetzen.					
Ich weiß, mit welchem Kasus die Präpositionen stehen.					

→ *Ergänze die Tabellen S. 62.*

GRAMMATIK

4 Markiere die Ablative. Unterstreiche Formen im Singular blau und Formen im Plural rot.

oculis – fora – mente – navi – terrae – auxilium – equitibus – vento – femina – homines – noctis – verborum

5 Ordne die lateinischen Ausdrücke den Grundfunktionen des Ablativs zu. Übersetze mündlich.

cum amicis – ex provincia – magno cum furore – in magnis insulis – ex navibus – sine patre – in villa – cum oratore – in foro Romano – sine mente – in spectaculo – cum familia

Ort/Zeit *Wo? Wann?*	**Mittel/Begleitung** *Wie? Womit? Mit wem?*	**Trennung** *Wovon (weg)? Ohne wen?*

	☺☺	☺	😐	☹	☹☹
Ich kann Formen im Ablativ erkennen.					
Ich kann Grundfunktionen des Ablativs unterscheiden.					
Ich kann die Verwendung des Ablativs erklären.					

→ *Ergänze die Tabellen S. 54.*
L 7, Übung 1

TEXT

Entspannung in Rom

Quintus' Vater will sich nach einem harten Arbeitstag vor Gericht in den Thermen entspannen.

Cn. Domitius Macer cum amicis in thermis[1] est. Primo amici frigidarium (Kaltwasserbad) quaerunt. Domitius balneatorem (Bademeister) rogat: „Ubi est frigidarium (Kaltwasserbad)?" Balneator (Bademeister) respondet: „Ibi, domine." Tum ad laconicum (Schwitzecke) veniunt. Cum voluptate sedent et rident.
Subito unus e balneatoribus (Bademeister) clamat: „Venite! Auxilium date! Homo sine mente iacet!" Domitius et amici accurrunt.

6 Übersetze den Text in ein angemessenes Deutsch.

7 Verfasse auf Deutsch oder Latein eine Fortsetzung der Geschichte.

	☺☺	☺	😐	☹	☹☹
Ich kann den Inhalt des Textes mit eigenen Worten wiedergeben.					
Ich kann den Text in ein angemessenes Deutsch übersetzen.					
Ich kann eine Fortsetzung des Textes verfassen.					

ANTIKE

8 Durcheinander in den Thermen! Verbinde die lateinischen und deutschen Begriffe miteinander.

caldarium	Schwitzecke
palaestra	Kaltwasserbad
tepidarium	Heißraum
laconicum	Sportplatz
frigidarium	Wärmeraum

9 Erkläre das Prinzip eines römischen *hypocaustum* (Fußbodenheizung).

____

____

10 Nenne die Aufgaben, die Sklaven in den Thermen zu erfüllen hatten.

____

____

	☺☺	☺	😐	☹	☹☹
Ich weiß, was man in den römischen Thermen alles machen konnte.					
Ich weiß, wie eine antike Fußbodenheizung funktionierte.					
Ich weiß, welche Aufgaben Sklaven in den Thermen zu erfüllen hatten.					

WORTSCHATZ

1 Schreibe alle Adjektive heraus und nenne ihre Bedeutungen.

servitus – magnus – currere – primus – mens – robustus – vitium – hodie – bellus – mortuus

____

____

2 In jedem Satz steckt ein Wort, das aus dem Lateinischen stammt. Unterstreiche sie und nenne jeweils das lateinische Ursprungswort.

a. Im Unterricht behandeln wir das Kaninchen exemplarisch für Fluchttiere.
b. Diese Hunderasse ist äußerst robust.
c. Dieses Lebensmittel ist vakuumverpackt.
d. Das finde ich total schön.

a. ________ b. ________ c. ________ d. ________

3 Einige Wörter bilden sogenannte „Wortfamilien", z. B. *clamor – clamare*.
Nenne die Familienmitglieder folgender Wörter:

a. servitus: ________ b. vox: ________ c. spectaculum: ________

	☺☺	☺	😐	☹	☹☹
Ich kann noch die Vokabeln der bisherigen Lektionen.					
Ich kenne einige Wort-Verwandtschaften im Lateinischen.					
Ich kann Wörter lateinischen Ursprungs in der deutschen Sprache erkennen.					

GRAMMATIK

4 Unterstreiche alle eindeutigen Ablative einfach und doppeldeutige Formen zweifach.

clamor – clamare – clamore – hominibus – amico – furori –furore – dona – dea – da –
donis – ludis – senatoris – sole – solem

5 Stelle die Substantive und Adjektive zu Wortpaaren zusammen. Nenne zu jedem Wortpaar das richtige Fragewort.

Subst.: urbe – lacrimis – clamore – luce Adj.: prima – magno – tota – multis

____

____

	☺☺	☺	😐	☹	☹☹
Ich kann Ablativformen erkennen.					
Ich weiß, auf welche Fragen Ablative eine Antwort geben können.					
Ich kann die Ablative übersetzen.					

→ *Ergänze die Tabellen S. 54/55. L 8, Übung 1*

→ *L 8, Übung 3*

TEXT

6 Verbessere die falschen Aussagen. Der Lektionstext 8 aus dem Schülerband hilft dir dabei.

a. Flavia in foro servum emit. ______

b. Tota urbe silentium est. ______

c. Nocte homines in forum conveniunt. ______

d. Unus ex hominibus dominum emit. ______

	☺☺	☺	😐	☹	☹☹
Ich kann den Inhalt des Textes verstehen.					
Ich kann den Inhalt der Aussagen verstehen.					
Ich kann die Aussagen korrigieren.					

ANTIKE

7 Nenne zwei Möglichkeiten, wie ein Sklave freigelassen werden konnte.

______

______

______

8 Nenne fünf Aufgaben römischer Sklaven.

______

______

______

9 Gib wieder, wie ein Mensch in Rom in Sklaverei geraten konnte.

______

______

______

	☺☺	☺	😐	☹	☹☹
Ich weiß, auf welchem Wege Sklaven die Freilassung erlangen konnten.					
Ich kenne die Arbeitsbereiche römischer Sklaven					
Ich weiß, wie man in Rom ein Sklave werden konnte.					

WORTSCHATZ

1 Nenne mindestens fünf Vokabeln zum Sachfeld „Gladiatorenkampf“.

____

2 Stichwort „Wortfamilie“: Nenne die Familienmitglieder folgender Wörter.

clamare – ____________ amor – ____________ mortuus – ____________

miseria[!] – ____________ studium[!] – ____________

3 Übersetze die Wendungen. Achte auf die verschiedenen Bedeutungen von *petere*.

Romam ____________

Piratas → petimus. ____________

Amicum ____________

	☺☺	☺	😐	☹	☹☹
Ich kann Vokabeln nach inhaltlichen Kriterien ordnen.					
Ich kann Vokabeln in Wortfamilien zusammenfassen.					
Ich kann ein mehrdeutiges Wort passend zum Kontext wiedergeben.					

GRAMMATIK

4 Verbinde die Adjektive mit ihren passenden Substantiven.

Adjektive: miseri – bono – asperis – durae – laetam – pulchrarum
Substantive: viri – feminarum – pugnae – consule – matrem – ventis

____

____

____

5 Verbinde die passenden Satzteile. Unterstreiche Subjunktionen einfach und Konjunktionen doppelt.

a. Maronilla spectacula gladiatorum[!] non amat, ..., etsi dominus puellas vocat.
b. Flavia et Galla non veniunt, ..., sed non vident.
c. Servae dominum audiunt, ..., quod aspera sunt.

	☺☺	☺	😐	☹	☹☹
Ich kann den Begriff KNG-Kongruenz erklären.					
Ich kann Substantive und Adjektive auf *-(e)r* erkennen.					
Ich kann Subjunktionen und Konjunktionen unterscheiden.					

→ *Ergänze die Tabellen S. 54/55.*

TEXT

6 Lies dir im Schülerband den Lektionstext 9 noch einmal durch und antworte auf folgende Fragen mit kurzen lateinischen Sätzen:

a. Was schätzt Flavia an ihrer *domina* Maronilla?

____

b. Warum will Maronilla nicht mit ins Amphitheater?

____

c. Wie reagieren die Zuschauer auf den Einzug der Gladiatoren?

____

d. Mit welcher Waffe kämpft ein *secutor* (Verfolger)?

____

	☺☺	☺	😐	☹	☹☹
Ich kann den Inhalt des Textes mit eigenen Worten zusammenfassen.					
Ich kann auf Fragen zum Text korrekt antworten.					
Ich kann Antworten auf Latein formulieren.					

ANTIKE

7 Hier kannst du dein Wissen über das Kolosseum testen. Markiere die Begriffe, die etwas mit dem Kolosseum zu tun haben. Streiche die übrigen durch.

Sonnendach – secutor – rhetor – Amphitheatrum Flavium – caldarium – Kaiser Nero – quadrigae – pompa – Kaiserloge – wilde Tiere

8 Vergleiche das Kolosseum und den Circus Maximus miteinander. Fülle dafür die Tabelle aus.

	Kolosseum	**Circus Maximus**
Länge		
Breite		
Form		
Zuschauer		

	☺☺	☺	😐	☹	☹☹
Ich weiß, was man im Kolosseum zu sehen bekam.					
Ich kenne die verschiedenen Gladiatoren und die Regeln des Kampfes.					
Ich weiß, warum die Architektur des Kolosseums so besonders ist.					

WORTSCHATZ

1 Nenne jeweils die Bedeutungen der Adjektive.

asper: ______; pulcher: ______; maestus: ______;

dexter: ______; bellus: ______; iucundus: ______

2 Schreibe alle Präpositionen und ihre Bedeutungen heraus. Gib an, mit welchem Kasus sie jeweils stehen.

ut – de – num – ex – ad – dum – vir – cum – diu – ab – ego – ac – ibi – in – inter

______

3 Nenne jeweils die Bedeutungen folgender Wörter.

tam: ______ tum: ______ nam: ______ num: ______

	☺☺	☺	😐	☹	☹☹
Ich kenne die Bedeutungen der Adjektive.					
Ich kenne die Präpositionen und ihre Verwendung.					
Ich kann die Vokabeln der Lektionen 1 bis 9.					

GRAMMATIK

4 Übersetze und ergänze das passende deutsche Fragewort.

tota urbe esse: ______

magno clamore vocare: ______

nocte dormire: ______

foro decedere: ______

5 Ergänze wenn möglich die Adjektive in der richtigen Form.

	homini	voluptates	fortunam	urbibus
magnus, -a, -um				
multi, -ae, -a				
iucundus, -a, -um				

	☺☺	☺	😐	☹	☹☹
Ich kann die Ablativformen übersetzen.					
Ich kann die Substantivformen erkennen.					
Ich kann die passenden Adjektivformen bilden.					

TEXT

6 Lies die Sätze durch. Bringe sie in die richtige Reihenfolge und gib dem Text eine passende Überschrift.

____

______ Nunc etiam Quintus viro robusto plaudit et pugna gaudet. ______ Subito amicus magna voce clamat: „Vide, Quinte, retiarius (Netzkämpfer) in arena (Sand) iacet." ______ Quintus respondet: „Spectacula mihi valde placent, sed nunc maestus de fortuna Flaviae cogito." ______ Ecce! Gladiator[1] surgit (aufstehen) et dextra secutorem (Verfolger) petit. Homines retiarium (Netzkämpfer) magno clamore incitant.

______ Quintus cum amicis in Circo Maximo sedet. Maestus pugnas spectat. Amicus Quintum interrogat: „Nonne spectacula gladiatorum[1] tibi placent?"

7 Übersetze den Text in ein angemessenes Deutsch.

	☺☺	☺	😐	☹	☹☹
Ich kann den Text mit einer sinnvollen Überschrift versehen.					
Ich kann die Sätze in die richtige Reihenfolge bringen.					
Ich kann den Text in ein angemessenes Deutsch übersetzen.					

ANTIKE

8 Nenne zu den Gebäuden die passenden Freizeit-Aktivitäten der Römer.

Circus Maximus: ____

Thermen: ____

Amphitheater: ____

9 Beschreibe stichwortartig die Schullaufbahn eines jungen Römers.

____

____

10. Was bedeutet der Spruch *„Non scholae[1], sed vitae discimus"*?

____

	☺☺	☺	😐	☹	☹☹
Ich kenne verschiedene Möglichkeiten der antiken Freizeitgestaltung.					
Ich kann beschreiben, wie die Schullaufbahn eines jungen Römers aufgebaut war.					
Ich verstehe den Ausspruch *„Non scholae[1], sed vitae discimus"*.					

WORTSCHATZ

1 Nenne die passenden Verben zu folgenden Substantiven und die jeweiligen Bedeutungen.

labor: ______________ – ________________________; pugna: ______________ – ________________________;

navis: ______________ – ________________________

2 Nenne die lateinischen Gegensätze zu folgenden Begriffen.

maestus – ________________________; natus – ________________________; dexter – ________________________;

appropinquare – ________________________; cessare – ________________; publicus – ________________

3 Schreibe hinter die Verben die jeweils entsprechende Konjugationsklasse.

carere ______________ – imponere ______________ – statuere ______________ – putare ______________

	☺☺	☺	😐	☹	☹☹
Ich kann die Vokabeln der bisherigen Lektionen.					
Ich kann Gegensatzpaare bilden.					
Ich kann zu Substantiven die Verben gleicher Herkunft benennen.					

→ *L 10, Übung 5*

GRAMMATIK

4 Erkläre die Bildung des Imperfekts anhand folgender Verben:

putare – addere – audire

____

____

5 Vertausche das Tempus (Präsens ↔ Imperfekt).

petis ________________________ – horreo ________________________ – agebat ________________________ –

addimus ________________________ – imponunt ________________________

6 Erkläre, in welchen Fällen die Römer das Imperfekt verwendeten. Es gibt drei Möglichkeiten.

a. ________________________________ b. ________________________________

c. ________________________________

	☺☺	☺	😐	☹	☹☹
Ich kann die Imperfektformen erkennen.					
Ich kann die Bildung des Imperfekts erklären.					
Ich weiß, wann die Römer das Imperfekt als Tempus verwendeten .					

→ *Ergänze die Tabellen S. 56/58.*
L 10, Übungen 1/2

TEXT

Wer wird gewinnen?

Gladiatorenkämpfe sind in der Antike sehr populär. Auch heute finden sensationelle Spiele statt, die Quintus nicht versäumen will.

Tota urbe clamor ac tumultus (Trubel) est, quod hodie Romae spectacula magna sunt. Etiam e provinciis multi homines veniunt. Quintus cum amica ad amphitheatrum[!] properat. Dum intrant, gladiatores[!] iam pugnant. Tum Gallus, vir magnus ac robustus, Columbum, alium gladiatorem[!], dextra petit. Subito Gallus in arena (Sand) iacet. Quid est? Homines Gallum magnis clamoribus incitant. Statim surgit (aufstehen) et Columbum invadit.
Ecce, Gallus victor est.

7 Übersetze den Text in ein angemessenes Deutsch und suche alle Zeit- und Ortsangaben (auf die Fragen wo?, woher?) heraus.

8 Gliedere die Kampfszene in Abschnitte. Beachte dabei die kleinen Signalwörter.

	☺☺	☺	😐	☹	☹☹
Ich kann den Text mithilfe der kleinen Signalwörter gliedern.					
Ich kann den Inhalt des Textes verstehen.					
Ich kann den Text in ein angemessenes Deutsch übersetzen.					

ANTIKE

9 Nenne die Aufgaben eines gallischen Druiden.

____

____

____

10. Berichte, was du über die Gallier zur Zeit Caesars weißt.

____

____

____

____

____

	☺☺	☺	😐	☹	☹☹
Ich kenne die Aufgaben eines gallischen Druiden.					
Ich weiß, wie die Gallier zur Zeit Caesars gelebt haben.					

WORTSCHATZ

1 Finde Wörter, die eine ähnliche Bedeutung haben.

autem – ______________________ enim – ______________________

quamquam – ______________________ proinde – ______________________

2 Übersetze beide Sätze und achte dabei vor allem auf die Übersetzung von *cum*.

a. Quintus basilicae (Basilika) appropinquat, cum subito fur apparet.

____

b. Quintus cum amicis in foro ambulant.

____

3 Nenne lateinische Begriffe, die eine männliche Person bezeichnen.

____

____

	☺☺	☺	😐	☹	☹☹
Ich kann noch die Vokabeln der L 1 bis 10.					
Ich kann Vokabeln mithilfe von bedeutungsähnlichen Wörtern lernen.					
Ich kann *cum* richtig übersetzen.					

GRAMMATIK

4 Umkreise die Form im Perfekt. Streiche die andere durch.

cessit – cedit interrogo – interrogavi negaverunt – negant

traxisti – trahis vivimus – viximus petivistis – petitis

5 Nenne die Regeln, wann du das Perfekt im Deutschen mit dem Präteritum oder Perfekt übersetzt.

Ich übersetze das Perfekt mit dem deutschen Perfekt, wenn ______________________

Ich übersetze das Perfekt mit dem deutschen Präteritum, wenn ______________________

	☺☺	☺	😐	☹	☹☹	
Ich kann die Person-Zeichen des Perfekts erkennen.						→ *Ergänze die Tabellen S. 57/59.*
Ich kann den Perfektstamm und Präsensstamm voneinander unterscheiden.						→ *L 11, Übung 1*
Ich kann das lateinische Perfekt korrekt ins Deutsche übersetzen.						

TEXT

Jupiter und Europa

Jupiter hat sich die schöne Königstochter Europa als nächstes „Opfer“ ausgesucht.

Europa, filia (Tochter) regis, in Asia vixit. Iuppiter, rex deorum, puellam abducere studebat. Deus se (sich) in taurum (Stier) pulchrum mutavit. Primo autem Europa taurum (Stier) timuit. Iuppiter puellae appropinquavit et se mitem praebuit (sich zahm zeigen). Itaque puella taurum (Stier) non iam timuit et in tergo tauri (Stier) consedit (sich setzen), cum Iuppiter decessit et insulam Cretam petivit. Deus se (sich) in Creta remutavit (zurückverwandeln) et Europam uxorem duxit (heiraten).

6 Übersetze den Text in ein angemessenes Deutsch.

	☺☺	☺	😐	☹	☹☹
Ich kann den Inhalt des Textes mit eigenen Worten wiedergeben. Ich kann den Text in ein angemessenes Deutsch übersetzen.					
Ich kann Vergangenheitstempora richtig übersetzen.					

ANTIKE

7 Lies folgende griechische Wörter und schreibe sie mit lateinischen Buchstaben.

ΦΙΛΟΣΟΦΙΑ

____

ΦΥΣΙΚΗ

____

8 Wie hieß der größte griechische Philosoph? Schreibe den Namen auf Griechisch.

____

	☺☺	☺	😐	☹	☹☹	
Ich kenne das griechische Alphabet und kann griechische Wörter lesen.						→ *L 11, Aufgabe 1 b, S. 69*
Ich erkenne die Verwandtschaft zwischen griechischer und lateinischer Sprache.						
Ich kenne wichtige Begriffe und Personen aus der griechischen Antike.						→ *L 11, Punkt 2, S. 69*

WORTSCHATZ

1 Nenne zu folgenden Verben die richtigen Perfektformen.

sto – video – defendo – edo – tango – terreo – resto

____

2 Unterstreiche alle Begriffe zu dem Sachfeld „Religion".

numen – colere – trahere – tergum – movere – pius – sic – profecto – preces – ara – saxum – mons – proinde – si

3 Übersetze die restlichen Begriffe.

____

____

	☺☺	☺	😐	☹	☹☹
Ich kann die Vokabeln der L 12.					
Ich kann Sachfelder zusammenstellen.					
Ich kann die Stammformen zu den gelernten Verben nennen.					

GRAMMATIK

4 Unterstreiche die Substantive nach ihrem Genus: Maskulinum blau, Femininum rot, Neutrum gelb.

signum – saxum – mons – preces – numen – hospes – rex – cena – sors – servus – servitus – corpus – genus – caput – humanitas

5 Ergänze die Person-Zeichen des Perfekts und übersetze dann.

du: dix________ – er: interrogav________ – wir: vix________ –

sie: petiv________ – es: mans________ – ich: cess________ –

ihr: negav________

6 Verwandle die Formen im Imperfekt ins Perfekt und umgekehrt.

quaerebam → ________________ – statuit → ________________ –

videbas → ________________ – egistis → ________________

	☺☺	☺	😐	☹	☹☹	
Ich kenne das Geschlecht der gelernten Substantive.						*→ L 12, Übung 2*
Ich kann die Person-Zeichen des Perfekts erkennen und bilden.						*→ L 12, Übung 1*
Ich kann Perfektformen erkennen und bilden.						*→ Ergänze die Tabelle S. 57.*

TEXT

____

Rex Minos Daedalum in insulam Cretam vocavit, quod ibi homines Minotaurum timebant. Daedalus venit et Minotauro labyrinthum[1] construxit (erbauen). Ibi Minotaurus captivus (gefangen) erat. Itaque homines periculis vacaverunt …

7 Übersetze den Text in ein angemessenes Deutsch und gib ihm eine passende Überschrift.

8 Lies „Insel 3, Griechische Mythen, Punkt 3, S. 76“ und schreibe die Geschichte auf Deutsch weiter.

	☺☺	☺	😐	☹	☹☹
Ich kenne die Sage von Dädalus und Ikarus.					
Ich kann den Text inhaltlich verstehen.					
Ich kann den Text in ein angemessenes Deutsch übersetzen.					

ANTIKE

9 Beschreibe, welche Gottheit hier zu sehen ist.

____

____

____

10 Ordne die römischen Götternamen den griechischen zu.

a. Mercurius – b. Diana – c. Mars – d. Iuno – e. Venus – f. Minerva

Ἀθήνη ____ – Ἄρτεμις ____ – Ἑρμῆς ____ – Ἥρα ____ – Ἀφροδίτη ____ – Ἄρης ____

11 Unterstreiche die Kennzeichen Jupiters.

Lyra – Speer – Stern – Blitz – Flügelschuh – Adler – Specht – Pfau – Schlange – Heroldsstab – Zepter

	☺☺	☺	😐	☹	☹☹
Ich kenne die römischen Hauptgottheiten.					
Ich kann die griechischen Götternamen den römischen Gottheiten zuordnen.					
Ich kenne die Kennzeichen der römischen Hauptgötter.					

WORTSCHATZ

1 Nenne mindestens vier Verben, die zum Wortfeld „sagen, sprechen“ gehören.

____

2 Streiche alle Wörter durch, die keine Personal-Pronomina sind.

nos – vis – vobis – tum – tu – me – mecum – mare – nobis – nomen – ego – te – tamen – vos – vale – tibi – tecum – dum – mihi

3 Zwei Personal-Pronomina fehlen. Nenne sie.

____

	☺☺	☺	😐	☹	☹☹
Ich kann die Vokabeln der L 13.					
Ich kann Wortfelder zusammenstellen.					
Ich kann kurze Vokabeln auseinanderhalten.					

GRAMMATIK

4 Stelle aus den Bruchstücken die richtigen lateinischen Formen zusammen.

cognov – tis – opprim – it – era – vendid – era – mus – m – cucurr – isti – i – reduc – nt – u – sollicitav

du hast verkauft – ____________________ ich war gelaufen – ____________________

wir hatten erfahren – ____________________ sie unterdrücken – ____________________

ihr führt zurück – ____________________ er hat beunruhigt – ____________________

5 Übersetze folgende Sätze und nummeriere sie nach ihrer zeitlichen Reihenfolge. Nenne das am weitesten in der Vergangenheit liegende Ereignis zuerst.

_____ Flavia Quinto epistulam scribit. ____________________

_____ Aufidius Aridus puellas vendidit. ____________________

_____ Piratae Flaviam et ceteros abduxerant. ____________________

	☺☺	☺	😐	☹	☹☹	
Ich kann Verbformen im Plusquamperfekt erkennen.						→ *Ergänze die Tabellen S. 57/59. L 13, Übung 1*
Ich kann die Personal-Pronomina der 1. und 2. Person im Singular und Plural deklinieren.						→ *Ergänze die Tabelle S. 60. L 13, Übung 3*
Ich kann das Plusquamperfekt richtig auf dem Zeitstrahl einordnen.						

TEXT

Der Brief an Quintus

Flavia versucht in einem Brief die Sorgen über ihr Sklavendasein zu verarbeiten.

a. Dominus Gallus me et Gallam in Africa ____________________

b. Nunc (ego) cum ceteris servis in villa ad Nemausum sita ____________________

c. Domina nobiscum bene ____________________, etsi servitus dura ____________________

d. Ego enim civis Romana ____________________, nata libera ____________________,

serva ____________________ non soleo.

6 Lies dir den Lektionstext 13 noch einmal durch und vervollständige Flavias Aussagen lateinisch.

7 Übersetze den Text in ein angemessenes Deutsch.

	☺☺	☺	😐	☹	☹☹
Ich kann den Inhalt des Lektionstextes mit eigenen Worten zusammenfassen.					
Ich kann den Text in ein angemessenes Deutsch übersetzen.					
Ich kann Aussagen lateinisch vervollständigen.					

ANTIKE

8 Fülle die beiden Kästchen mit den lateinischen Begriffen und der deutschen Übersetzung zu den abgebildeten Gegenständen.

9 Nenne drei Unterschiede zwischen der „Post“ in der Antike und heute.

____

____

____

	☺☺	☺	😐	☹	☹☹
Ich kenne lateinische Begriffe zum Thema „Schreiben in der Antike“.					
Ich weiß, wie ein Brief in der Antike vom Absender zu seinem Empfänger kam.					

WORTSCHATZ

1 Besondere Stammformen! Nenne zu folgenden Verben die 1. P. Sg. Perfekt und die deutsche Bedeutung.

frangere: ________ – ________; tollere: ________ – ________;

cadere: ________ – ________; surgere: ________ – ________;

ponere: ________ – ________

2 Erkläre, was ein Kompositum ist.

____

3 Nenne zu folgenden Verben je ein Kompositum und dessen Bedeutung.

tenere – ducere – ponere – currere – venire

____

____

	☺☺	☺	😐	☹	☹☹	
Ich kann die Vokabeln von L 11 bis 14.						
Ich kann erklären, was ein Kompositum ist.						*→ Insel 3, Übung 2, S. 75*
Ich kann Komposita zu den einfachen Verben nennen und kenne deren Bedeutung.						

GRAMMATIK

4 Unterstreiche die eindeutigen Akkusativformen einfach, die mehrdeutigen Formen zweifach.

civis – noctem – iter – te – cena – nominum – hominem – pugnarum – amicam – arbores – nos – arboris – num

5 Führe folgende Formen auf den Infinitiv zurück.

teneo – manemus – scit – es – videt – sunt – restas

____

6 Suche in den folgenden Sätzen den AcI heraus und klammere ihn ein. Übersetze dann die Sätze.

Quintus amicam in Gallia servam esse scit. ____

Flavia deos semper auxilium dare putat. ____

	☺☺	☺	😐	☹	☹☹	
Ich erkenne die Akkusativformen.						*→ L 14, Übung 2*
Ich kann Verben auf die Infinitive zurückführen.						
Ich kann einen AcI erkennen und übersetzen.						*→ L 14, Übungen 1/3*

TEXT

Quintus, der Schwindler

Quintus erzählt seinen Freunden von seiner Reise. Wo schwindelt er?

„Magna tempestas erat. Multas horas ventum audiebamus. Subito tempestatem arbores frangere et equos terrere vidi. Tum equi cito cucurrerunt. Ego ex equo in viam cecidi. Non iam ventum audivi, non iam patrem vidi. Sed sine mente in via iacebam.“

7 Übersetze den Text in ein angemessenes Deutsch und suche die beiden Aussagen heraus, bei denen Quintus geschwindelt hat.

	☺☺	☺	😐	☹	☹☹
Ich kann den Text inhaltlich verstehen.					
Ich kann den Text mit eigenen Worten wiedergeben.					
Ich kann den Text in ein angemessenes Deutsch übersetzen.					

ANTIKE

8 Kreuze an, welche Aussagen stimmen.

- ☐ In Rom gab es meist Straßenschilder.
- ☐ Meilensteine zeigen die Entfernungen zu Städten und Raststationen an.
- ☐ In der Antike waren die Straßen meist nach den Beamten oder Kaisern benannt, die die Straßen erbauen ließen.

9 Beschrifte die Skizze.

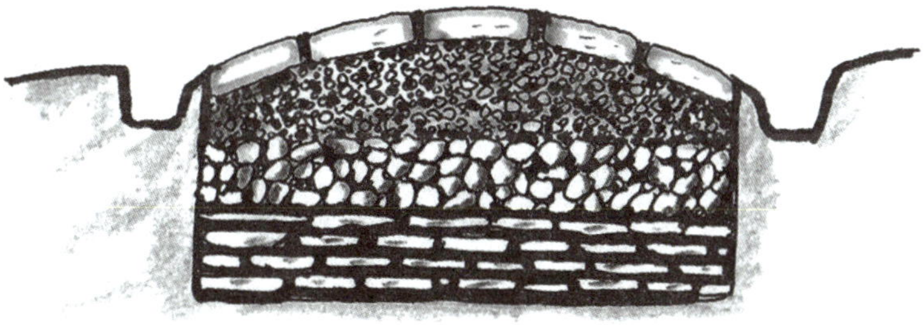

10 Erkläre, warum der Straßenbelag meist gewölbt war.

____

____

	☺☺	☺	😐	☹	☹☹
Ich kenne mich mit antiken Straßen aus.					
Ich weiß, wie eine antike Straße gebaut wurde.					
Ich weiß, welchen Sinn die Wölbung der Straßendecke hatte.					

WORTSCHATZ

1 Übersetze die folgenden Ausdrücke und achte besonders auf die unterschiedlichen Bedeutungen einzelner lateinischer Wörter.

pretium formae – ______________________ forma pulchra – ______________________

omnis servus – ______________________ omnes viri – ______________________

2 Nenne die verschiedenen Bedeutungen von *animus*.

______________________ animus ______________________

______________________ ______________________

3 Nenne zu den Personal-Pronomina das passende Possessiv-Pronomen (*me* → *meus, -a, -um*).

vos → ______________ te → ______________ nos → ______________

Nenne das passende Possessiv-Pronomen zum Reflexiv-Pronomen *se*. ______________________

	☺☺	☺	😐	☹	☹☹
Ich kann Vokabeln einer Wortfamilie zuordnen.					
Ich kenne die lateinischen Possessiv-Pronomina.					
Ich kenne alle Bedeutungen von *animus*.					

→ *Ergänze die Tabelle S. 61.*

GRAMMATIK

4 Verbinde die Substantive und Adjektive zu Paaren, die von der Form und vom Sinn zusammenpassen.

felicium – felicis – acria – acribus – brevi – brevem

verba ______________ – virorum ______________ – nocte ______________ –

epistulam ______________ – tempestatibus ______________ – itineris ______________

5 Streiche die Formen durch, die nicht zu dem Substantiv passen.

amico mei/meo/meum – agrorum tuorum/tuis/tuos – iter noster/nostrum/nostris

6 *se* in Variation! Übersetze die Sätze.

a. Galla se liberam esse scit. ______________________

b. Dominus se facilem praebet. ______________________

	☺☺	☺	😐	☹	☹☹
Ich kann die Adjektive der Konsonantischen Deklination im Singular und Plural deklinieren.					
Ich kann die Possessiv-Pronomina im Singular und Plural deklinieren.					
Ich kann das Pronomen *se* richtig übersetzen.					

→ *Ergänze die Tabelle S. 55.*
L 15, Übung 1

→ *L 15, Übung 2*

→ *L 15, Übung 4*

TEXT

Wahr oder falsch?

7 Lies dir den Lektionstext 15 noch einmal durch und entscheide dann, welche dieser Aussagen wahr (w) oder falsch (f) sind.

	w	f
a. Domitius dominus cum Quinto puellas Flaviam et Gallam liberare studet.		
b. Aufidius Aridus Flaviam Gallamque viris Romanis non cedit, quod puellae laborare debent.		
c. Dum omnes spectaculum spectant, Flavia et Quintus villa decedunt.		
d. Iuppiter Mercurium iubet discordiam dearum finire (beenden). Nuntius deorum iudicare debet.		
e. Venus Paridi feminam formosissimam (die schönste) promittit. Statim Paris iudicat se pretium formae Veneri dare.		

	☺☺	☺	😐	☹	☹☹
Ich kann entscheiden, ob Aussagen zu einem Text richtig oder falsch sind.					
Ich kann den Inhalt des Textes mit eigenen Worten wiedergeben.					
Ich kann den Text in ein angemessenes Deutsch übersetzen.					

ANTIKE

8 Beschreibe, was für Veranstaltungen im Theater stattfinden konnten.

____

____

9 Beschreibe, was du auf der Abbildung sehen kannst. Ordne die Szene einer Theatergattung zu.

____

____

____

____

10 Beschreibe den Auftritt eines Pantomimen in einem römischen Theater.

____

____

	☺☺	☺	😐	☹	☹☹
Ich weiß über die Veranstaltungen im Theater Bescheid.					
Ich kann eine Abbildung beschreiben.					
Ich kenne die Besonderheiten eines antiken Theaters und einer Theateraufführung.					

WORTSCHATZ

1 Stelle Gegensatzpaare zusammen und markiere sie jeweils.

primo – delectare – difficilis – considere – sollicitare – surgere – facilis – postremo

Findest du weitere Gegensatzpaare?

____

2 Ordne den lateinischen Wörtern die deutschen Bedeutungen zu.

item – mox – domum – se – is – quaeso – pro – vix – postremo – haud – deinde – tam

so – bald – sich – kaum – nicht – nach Hause – ebenfalls – vor – darauf – er – bitte – schließlich

3 Nenne die Stammformen zu folgenden Verben:

dimittere – spargere – liberare – considere – appellare – favere – narrare

____

____

	☺☺	☺	😐	☹	☹☹
Ich kann die Vokabeln zu Gegensatzpaaren ordnen.					
Ich kann die unveränderlichen Wörter und Pronomina auseinanderhalten.					
Ich kenne die Stammformen zu den Verben.					

GRAMMATIK

4 Ersetze die Ausdrücke jeweils durch die passende Form von *is, ea, id*.

nuntios: ______ – vini: ______ – silentium: ______ – amici: ______ – hominem: ______ – equitis: ______

5 Nenne zum Verb jeweils den Infinitiv Perfekt.

esse: ______________ – tangere: ______________ – dare: ______________ – tenere: ______________

6 Mache folgende Aussage von *scimus* abhängig und wandle sie in einen AcI um. Achte auf das Zeitverhältnis.

Scimus: Vos multos libros legistis.

____

	☺☺	☺	😐	☹	☹☹	
Ich kann die Formen von *is, ea, id*.						→ *Ergänze die Tabelle S. 60. L 16, Übung 1*
Ich weiß, wie der Infinitiv Perfekt gebildet wird.						
Ich kann eine einfache Aussage in einen AcI umwandeln.						→ *L 16, Übung 2*

TEXT

Fehlerhaftes Opfer

Zum Dank für Flavias Rettung wird den Göttern ein Opfer dargebracht.

Quintus narrat a. patrem canibus sacrificare paravisse; b. primo eum omnes salutavisse et consedisse et signum cenae dedisse; c. omnes se cibis vinoque delectavisse; d. tum patrem surrexisse et ad focum accedisse et Flaviam vino sparsisse.

7 Übersetze den Text in ein angemessenes Deutsch.

8 Unterstreiche die zwei inhaltlichen Fehler im Text und korrigiere sie auf Deutsch. Orientiere dich dabei am Lektionstext 16.

	☺☺	☺	😐	☹	☹☹
Ich kann den Text mithilfe der Überschrift, des Einleitungstextes und der Schlüsselbegriffe verstehen.					
Ich kann den Inhalt des Textes mit eigenen Worten wiedergeben.					
Ich kann den Text in ein angemessenes Deutsch übersetzen.					

ANTIKE

9 Erkläre kurz, wer die Laren und Penaten sind.

10 Zeichne einen antiken Tempel mit *cella*, Vorhalle und Podium. Wo befand sich der Altar?

11 Beschreibe, wie ein Opfer im antiken Rom ablief. Nenne mindestens vier Momente der Opferhandlung.

	☺☺	☺	😐	☹	☹☹
Ich kenne römische Hausgötter.					
Ich weiß etwas über den antiken Tempel.					
Ich weiß, wie in Rom Opferhandlungen vollzogen wurden.					

WORTSCHATZ

1 Nenne mindestens vier lateinische Wörter, die für ein Bauwerk stehen können.

____

2 Übersetze die Sätze. Achte auf die Mehrdeutigkeit von *ducere.*

a. Quintus hospites in forum ducit. ______________________________

b. Aemilia Calvum magnum architectum[1] ducit. ______________________________

____

3 Nenne die lateinischen Vokabeln, die sich hinter folgenden deutschen Wörtern verbergen.

Tradition: ______________ Summe: ______________

Artist: ______________ Honorar: ______________

	☺☺	☺	😐	☹	☹☹
Ich kann Vokabeln unter einem Thema zusammenfassen.					
Ich kann mehrdeutige Vokabeln richtig übersetzen.					
Ich kann mir Vokabeln mithilfe von deutschen Lehn- oder Fremdwörtern merken.					

GRAMMATIK

4 Nenne zu den folgenden Formen den Infinitiv und unterstreiche Formen im Futur.

	Infinitiv Präsens		Infinitiv Präsens
orabis		ducam	
tradetis		dicimus	
comperiebam		favebo	
delectabunt		consedit	

5 Nenne alle Formen von *esse* im Futur und übersetze sie.

____

____

	☺☺	☺	😐	☹	☹☹	
Ich kann lateinische Verbformen im Futur erkennen.						→ *Ergänze die Tabelle S. 56.*
Ich kann lateinische Verbformen im Futur richtig übersetzen.						→ *L 17, Übung 1*
Ich kann *esse* im Futur konjugieren.						→ *Ergänze die Tabelle S. 58.*

TEXT

Quintus als Reiseführer

Quintus zeigt Flavia nach ihrer Rückkehr, was sich in Rom verändert hat.

Quintus valde gaudet se Flaviam e servitute liberavisse. Nunc is Flaviae aedificia[1] nova Romae demonstrabit[2]. Q: „Ecce, Flavia! Hic imperator Hadrianus Pantheum[3] exstruit, sed opus adhuc non est perfectum[4].“ F: „Opus magnum erit. Quale[5] aedificium erit?“ Q: „Aedificium[1] templum[1] omnium deorum erit. Id formam egregiam et tholum[6] ingentem habebit.“ F: „Veni! Narra mihi, quaeso, de foro Traiani.“ Post breve tempus Quintus et Flavia in foro imperatoris Traiani stant. Q: „Traianus bello Dacico[7] vicit, deinde hoc[7] forum magnum exstruxit. Senatus[8] etiam ad honorem imperatoris columnam[9] ingentem imposuit.“

1) **aedificium, -i n**: Gebäude 2) **demonstrare**: zeigen 3) **Pantheum, -i:** Pantheon 4) **perfectus, -a, -um:** vollendet 5) **qualis, quale:** was für ein? 6) **tholus, -i m**: Kuppeldach 7) **Dacicus, -a, -um**: dakisch *(Die Daker waren ein Volksstamm aus dem heutigen Rumänien.)* 8) **hoc** *(Akk. Sg. n.)*: dieses 9) **columna**: Säule

6 Übersetze den Text in ein angemessenes Deutsch.

	☺☺	☺	😐	☹	☹☹
Ich kann mithilfe der Überschrift und des Einleitungstextes Vermutungen über den Inhalt des Textes anstellen.					
Ich kann den Inhalt des Textes mit eigenen Worten wiedergeben.					
Ich kann den Text in ein angemessenes Deutsch übersetzen.					

ANTIKE

7 Unterstreiche die Motive, die auf der Trajanssäule zu sehen sind.

Schlachtszenen – Circus Maximus – dakische Krieger – Gladiatoren – gallische Männer – Kolosseum

8 Beschrifte das Modell des Trajansforums. Wo findest du das Forum, die Säule und die Basilica Ulpia?

	☺☺	☺	😐	☹	☹☹
Ich weiß, was auf der Trajanssäule dargestellt ist.					
Ich weiß, welche baulichen Maßnahmen Trajan in Rom unternommen hat.					

WORTSCHATZ

1 Nenne drei Komposita zu *ire* und deren Bedeutungen.

____

2 Nenne zu folgenden Begriffen die lateinischen Ursprungswörter und die deutschen Bedeutungen.

invitation – haben – Alien – Empire – Nummer – exercise – crescendo *(in der Musik: lauter werden)*

____

____

____

3 Die Pronominaladjektive *alius* – *unus* … enden im Genitiv auf *-ius* und im Dativ auf *-i*. Vervollständige die Liste der Adjektive.

____

	☺☺	☺	😐	☹	☹☹
Ich kenne die Komposita von *ire*.					
Ich kann die lateinischen Grundwörter erkennen, die Wörtern aus modernen Sprachen zugrunde liegen.					
Ich weiß, welche Pronominaladjektive im Genitiv auf *-ius* und im Dativ auf *-i* enden.					

GRAMMATIK

4 Ersetze die Ausdrücke jeweils durch die passende Form von *ire*.

sum: ________ – estis: ________ – fuisse: ________ – erant: ________ – fueras: ________ – eris: ________

5 Übersetze: *Cum eo eo.*

____

6 Aus *is, ea, id* mach *qui, quae, quod*. Gib immer alle Möglichkeiten an.

eae: ________ eorum: ________ ea: ________

eum: ________ ei: ________ iis: ________

	☺☺	☺	😐	☹	☹☹
Ich erkenne die Formen von *ire* und *esse*.					
Ich kann die Formen von *ire* und *esse* bilden.					
Ich kenne die Formen des Relativ-Pronomens.					

→ *Ergänze die Tabellen S. 58/59.*

→ *Ergänze die Tabelle S. 62.*
L 18, Übung 2

TEXT

Was Quintus so alles bei Flavias Onkel erfährt

Flavias Onkel Calvus weiß viel über sein Leben in der Provinz zu berichten und Quintus ist sehr neugierig und fragt immer wieder nach.

Q: „Multane pericula a Germanis sunt?“
C: „Germani, qui in provincia Raetia vivunt, faciles et amici populi Romani sunt.“
Q: „Cur multi Romani Germanos timent?“
C: „Multi Germani Danuvium transeunt et numerus eorum, qui non redeunt, crescit.
Itaque iam multi Germani in provincia nostra vivunt.“
Q: „Cur autem nonnulli Romani Germanos, qui non redeunt, timent?“
C: „Multi Germanos viros robustos esse et eorum mores asperos esse credunt.
Germani autem, qui una nobiscum in provincia vivunt, asperi non sunt. “

7 Übersetze den Text in ein angemessenes Deutsch.

	☺☺	☺	😐	☹	☹☹
Ich kann den Text mithilfe der Überschrift, des Einleitungstextes und der Schlüsselbegriffe verstehen.					
Ich kann den Inhalt des Textes mit eigenen Worten wiedergeben.					
Ich kann den Text in ein angemessenes Deutsch übersetzen.					

ANTIKE

8 Beschreibe knapp, wie eine typische römische Stadt in einer Provinz aussah.

____

____

9 Stell dir vor, du wärst ein römischer Legionär. Beschreibe, was du entlang des Limes alles sehen kannst.

____

____

____

10 Nenne den Begriff, der die Verbreitung der römischen Lebensweise bezeichnet.

____

	☺☺	☺	😐	☹	☹☹
Ich weiß, wie eine typische römische Provinzstadt aussah.					
Ich weiß, was entlang des Limes gebaut wurde.					
Ich kenne den Begriff für „Verbreitung römischer Lebensweise“.					

WORTSCHATZ

1 Fülle die Tabelle aus.

ostendere			
	laedo		
		recusavi	

2 Nenne jeweils das Gegenteil.

velle ↔ ______________________ nescire ↔ ______________________

3 Die Vokabel *consilium* hat viele verschiedene Bedeutungen. Finde eine passende Übersetzung.

consilium dare – ______________________ sine consilio – ______________________

	☺☺	☺	😐	☹	☹☹
Ich kann noch die Vokabeln der letzten Lektionen.					
Ich kann mehrdeutige Vokabeln richtig übersetzen.					
Ich kann Vokabeln nach bestimmten Merkmalen in Gruppen zusammenstellen.					

GRAMMATIK

4 Markiere in der Wörterschlange alle Präsensformen von *velle* und *nolle*.

nolumusvertitvisvirisvolovultvimviribusnoluntnonvultisvirumvultisnonvultnoctisvoluntnonvisvolumusvironolo

5 Forme um. Setze die Sätze mit *habere* in den Dativ des Besitzers und umgekehrt.

Quintus canem habet.	→	
	←	Aufidio villa est.
Nos multos equos habemus.	→	
	←	Tibi animus iucundus est.

6 Schreibe in die Kästchen, aus welchen Teilen das Futur II zusammengesetzt wird.

[ ] + [ ] + [ ]

	☺☺	☺	😐	☹	☹☹	
Ich kann *velle* und *nolle* konjugieren.						→ *Ergänze die Tabellen S. 58/59. L 19, Übung 1; Insel 5, Übung 1*
Ich kann den Dativ des Besitzers richtig übersetzen.						→ *L 19, Übung 2*
Ich kann Formen im Futur II erkennen.						→ *Ergänze die Tabellen S. 57/59.*

TEXT

Will er oder will er nicht?

Flavia ist verzweifelt. Was wirft sie Quintus vor?

- [ ] Quintus cum Lucio et Gaio thermas[1] petit.
- [ ] Quintus cum patre ad Circum Maximum ire vult.
- [ ] Quintus patrem in basilica Iulia audire vult.
- [ ] Quintus litteris Graecis studet.
- [ ] Quintus cum cane in palaestra (Sportplatz) ludit.

7 Kreuze an, was Flavia Quintus vorwirft. Orientiere dich dabei am Lektionstext 19.

8 Übersetze die Sätze.

	☺☺	☺	😐	☹	☹☹
Ich kann Fragen zum Text beantworten.					
Ich kann entscheiden, ob eine Aussage zum Lektionstext passt.					
Ich kann die Sätze in ein angemessenes Deutsch übersetzen.					

ANTIKE

9 Erkläre kurz, was hinter den Worten *„Ubi tu Gaius, ego Gaia."* steckt.

____

____

10 Nenne einige Unterschiede zwischen einer verheirateten Frau und einer Priesterin der Vesta.

verheiratete Frau	**Priesterin der Vesta**

	☺☺	☺	😐	☹	☹☹
Ich kenne den Ablauf eines römischen Hochzeitsfestes.					
Ich kenne die Aufgaben einer Priesterin der Vesta.					
Ich kann die Unterschiede zwischen dem Leben einer antiken und dem einer modernen Frau benennen.					

WORTSCHATZ

1 Zähle lateinisch bis zehn.

1: ______ 2: ______ 3: ______ 4: ______ 5: ______

6: ______ 7: ______ 8: ______ 9: ______ 10: ______

2 Nenne zu *esse* und *ire* jeweils drei Komposita und deren Bedeutung.

______

______

3 Alle beginnen mit *c*, aber was bedeuten sie jeweils?

capere: ______ collocare: ______ cupere: ______

conspicere: ______ censere: ______ cenare: ______

crescere: ______ credere: ______ carere: ______

	☺☺	☺	😐	☹	☹☹
Ich kann auf Lateinisch bis zehn zählen.					
Ich kenne *esse, ire* und deren Komposita.					
Ich kann die Vokabeln der Lektion 20.					

GRAMMATIK

4 Ersetze die Formen von *ducere* jeweils durch die passende Form von *capere*.

duco: ______ ducebant: ______ duxeras: ______

ducunt: ______ duces: ______ ducam: ______

5 Nenne die Stammformen zu *cupere*, *capere* und *conspicere*.

______

6 Ersetze die Formen von *velle* jeweils durch die passende Form von *posse*.

volo: ______ volebas: ______ vis: ______

volueras: ______ volent: ______ volumus: ______

	☺☺	☺	😐	☹	☹☹	
Ich kann *capere* konjugieren.						→ *Ergänze die Tabellen S. 56/57.*
Ich kann die Stammformen zu *cupere, capere* und *conspicere*.						→ *L 20, Übung 1*
Ich kann die verschiedenen Formen von *posse* bilden.						→ *Ergänze die Tabellen S. 58/59. L 20, Übung 2*

TEXT

Grund zum Feiern

Galla erhält ihre Freiheit geschenkt.

Galla: „Valde gaudeo, quod mihi libertatem dedistis. Decem annos serva Romae vivebam et laborabam. Saepe maesta eram, quod mater paterque aberant neque mecum esse poterant. Semper tu, domine, mihi labores imponebas et ego parere debebam. Sed dominus non asper eras, etiam domina facilis erat. Sed ceteri Romani putant me et inhumanam et ad servitutem natam esse, quamquam nos Galli humanitate non carent. Itaque in Galliam redibo, patriam familiamque meam videre volo. Tandem amicas in villam meam invitare potero. De vita nostra dicere poterimus …“

7 Fasse kurz zusammen, wie Flavia ihre Vergangenheit sieht und welche Erwartungen sie an die Zukunft hat.

8 Beschreibe, wie sich die verschiedenen Tempora über den Text verteilen. Wie lässt sich dies inhaltlich erklären?

9 Übersetze den Text in ein angemessenes Deutsch.

	☺☺	☺	😐	☹	☹☹
Ich kann die Tempora im Text erkennen und inhaltlich erklären.					
Ich kann den Inhalt des Textes mit eigenen Worten wiedergeben.					
Ich kann den Text in ein angemessenes Deutsch übersetzen.					

ANTIKE

10 Nenne einige Nahrungsmittel, die die Römer kannten.

____

____

11 Nenne Unterschiede zwischen einem heutigen Speisezimmer und einem Triklinium.

____

____

12 Nenne einige typische Essgewohnheiten der Römer.

____

____

____

	☺☺	☺	😐	☹	☹☹
Ich weiß, was die Römer gegessen haben.					
Ich weiß, wie ein Triklinium aussah.					
Ich weiß über die Tischsitten der Römer Bescheid.					

WORTSCHATZ

1 Nenne jeweils drei Komposita mit *ab-* und *ad-* und deren Bedeutung.

____

____

____

2 Gib zu den Verben aus Übung 1 jeweils das Simplex und dessen Stammformen und Bedeutung an.

____

____

____

____

3 Gib zu jedem Begriff einen weiteren Begriff aus der Wortfamilie an.

ardor: ____________ rex: ____________ imperium: ____________

humanitas: ____________ labor: ____________ cenare: ____________

	☺☺	☺	😐	☹	☹☹
Ich kann die Vokabeln von L 1 bis 20.					
Ich kenne die Komposita und ihre Bedeutungen.					
Ich kenne Wörter einer Wortfamilie.					

GRAMMATIK

4 Gib die 1. P. Sg. Präsens an und die Konjugation, zu der das Verb jeweils gehört.

poscere: ____________ incipere: ____________ dubitare: ____________

censere: ____________ nescire: ____________ crescere: ____________

5 Bilde die entsprechenden Formen *ire* und *nolle*.

poteram: ____________ poterunt: ____________

possum: ____________ potueras: ____________

	☺☺	☺	😐	☹	☹☹
Ich kann Verben ihren Konjugationen zuordnen.					
Ich kann Formen von *ire* erkennen und bilden.					
Ich kann Formen von *nolle* erkennen und bilden.					

TEXT

Postquam Paris Veneri deae pretium formae dedit, Helenam, uxorem regis Spartae, Troiam abduxit. Menelaus autem iratus cum Graecis Troiam navigavit, quod Helenam reducere voluit. Multi autem dicunt Helenam in Graeciam redire noluit, quod Paridem valde amavit. Itaque Graeci cum Troianis pugnaverunt. Post decem annos Troiam expugnaverunt (erobern).

6 Suche die Eigennamen heraus und erzähle kurz mit eigenen Worten, wie die Namensträger miteinander verbunden sind.

7 Übersetze den Text in ein angemessenes Deutsch.

8 Versehe den Text mit einer passenden Überschrift und einem kurzen deutschen Einleitungstext.

	☺☺	☺	😐	☹	☹☹
Ich kann die Eigennamen aus dem Text heraussuchen.					
Ich kann den Text mit einer passenden deutschen Einleitung versehen.					
Ich kann den Text in ein angemessenes Deutsch übersetzen.					

ANTIKE

9 Nenne mindestens zwei Räume in einer römischen Villa.

10 Nenne die Gottheit, die jeweils beschrieben wird.

a. Er raubte die Königstochter Europa.

b. Pythia arbeitete für ihn als Priesterin.

c. Sie fand man bevorzugt mit Pfeil und Bogen auf der Jagd.

d. Sie versprach Paris Weisheit als Geschenk, wenn er sie auswählen würde.

	☺☺	☺	😐	☹	☹☹
Ich kann die Räume einer römischen Villa benennen.					
Ich kenne die römischen Gottheiten.					

DEKLINATIONEN – SUBSTANTIVE

		a-Deklination	o-Deklination		
		f	m	m	n
Singular	Nom.	villa	asinus	puer	donum
	Gen.				
	Dat.				
	Akk.				
	Abl.				
	Vok.				
Plural	Nom.				
	Gen.				
	Dat.				
	Akk.				
	Abl.				
	Vok.				

		Konsonantische Deklination			
		m	n	f	n
Singular	Nom.	pater	genus	urbs	mare
	Gen.				
	Dat.				
	Akk.				
	Abl.				
Plural	Nom.				
	Gen.				
	Dat.				
	Akk.				
	Abl.				

DEKLINATIONEN – ADJEKTIVE

		a- und o-Deklination					
		m	f	n	m	f	n
Singular	Nom.	maestus	maesta	maestum	miser	misera	miserum
	Gen.						
	Dat.						
	Akk.						
	Abl.						
Plural	Nom.						
	Gen.						
	Dat.						
	Akk.						
	Abl.						

		Konsonantische Deklination						
		m	f	n	m/f	n	m/f	n
Singular	Nom.	acer	acris	acre	gravis	grave	felix	
	Gen.							
	Dat.							
	Akk.							
	Abl.							
Plural	Nom.							
	Gen.							
	Dat.							
	Akk.							
	Abl.							

VERBEN – PRÄSENS, IMPERFEKT, FUTUR I

		a-Konj.	e-Konj.	i-Konj.	Kons. Konj.	kurzvok. i-Konj.
Infinitiv		exspectare	placere	audire	legere	capere
Präsens	1. P. Sg.					
	2. P. Sg.					
	3. P. Sg.					
	1. P. Pl.					
	2. P. Pl.					
	3. P. Pl.					
Imperfekt	1. P. Sg.					
	2. P. Sg.					
	3. P. Sg.					
	1. P. Pl.					
	2. P. Pl.					
	3. P. Pl.					
Futur I	1. P. Sg.					
	2. P. Sg.					
	3. P. Sg.					
	1. P. Pl.					
	2. P. Pl.					
	3. P. Pl.					

VERBEN – PRÄSENS, IMPERFEKT, FUTUR II

Infinitiv		a-Konj.	e-Konj.	i-Konj.	Kons. Konj.	kurzvok. i-Konj.
		exspectare	placere	audire	legere	capere
Perfekt	1. P. Sg.					
	2. P. Sg.					
	3. P. Sg.					
	1. P. Pl.					
	2. P. Pl.					
	3. P. Pl.					
Plusquamperfekt	1. P. Sg.					
	2. P. Sg.					
	3. P. Sg.					
	1. P. Pl.					
	2. P. Pl.					
	3. P. Pl.					
Futur II	1. P. Sg.					
	2. P. Sg.					
	3. P. Sg.					
	1. P. Pl.					
	2. P. Pl.					
	3. P. Pl.					

VERBEN – ESSE, POSSE, IRE, VELLE, NOLLE (I)

	Infinitiv	esse	posse	ire	velle	nolle
Präsens	1. P. Sg.					
	2. P. Sg.					
	3. P. Sg.					
	1. P. Pl.					
	2. P. Pl.					
	3. P. Pl.					
Imperfekt	1. P. Sg.					
	2. P. Sg.					
	3. P. Sg.					
	1. P. Pl.					
	2. P. Pl.					
	3. P. Pl.					
Futur I	1. P. Sg.					
	2. P. Sg.					
	3. P. Sg.					
	1. P. Pl.					
	2. P. Pl.					
	3. P. Pl.					

VERBEN – ESSE, POSSE, IRE, VELLE, NOLLE (II)

	Infinitiv	esse	posse	ire	velle	nolle
Perfekt	1. P. Sg.					
	2. P. Sg.					
	3. P. Sg.					
	1. P. Pl.					
	2. P. Pl.					
	3. P. Pl.					
Plusquamperfekt	1. P. Sg.					
	2. P. Sg.					
	3. P. Sg.					
	1. P. Pl.					
	2. P. Pl.					
	3. P. Pl.					
Futur II	1. P. Sg.					
	2. P. Sg.					
	3. P. Sg.					
	1. P. Pl.					
	2. P. Pl.					
	3. P. Pl.					

VERBEN – STAMMFORMEN

Meine schwierigsten Stammformen			
Infinitiv Präsens	**1. P. Sg. Präsens**	**1. P. Sg. Perfekt**	**deutsch**
mittere	mitto	misi	schicken

PRONOMINA – PERSONAL-PRONOMEN

		Singular		Plural	
1. Person	**Nom.**	ego	ich	nos	wir
	Dat.				
	Akk.				
	Abl.				
2. Person	**Nom.**	tu	du	vos	ihr
	Dat.				
	Akk.				
	Abl.				

		Singular			Plural		
3. Person	**Nom.**	is	ea	id	ii	eae	ea
	Dat.						
	Akk.						
	Abl.						

PRONOMINA – POSSESSIV-PRONOMEN

	m	f	n	deutsch
Singular	meus	mea	meum	mein
Plural				

PRONOMINA – DEMONSTRATIV-PRONOMEN

		m	f	n
Singular	Nom.	is	ea	id
	Gen.			
	Dat.			
	Akk.			
	Abl.			
Plural	Nom.			
	Gen.			
	Dat.			
	Akk.			
	Abl.			

PRONOMINA – RELATIV-PRONOMEN

		m	f	n
Singular	Nom.	qui	quae	quod
	Gen.			
	Dat.			
	Akk.			
	Abl.			
Plural	Nom.			
	Gen.			
	Dat.			
	Akk.			
	Abl.			

PRÄPOSITIONEN

mit Akkusativ		mit Ablativ	
ad	zu; zu … hin; an; bei		

MEIN WORTSCHATZ

Synonyme (Wörter, die ungefähr das Gleiche bedeuten)

clamare ≈ vocare	≈
≈	≈
≈	≈
≈	≈

Antonyme (Wörter, die das Gegenteil bedeuten)

laetus ≈ maestus	≈
≈	≈
≈	≈
≈	≈

MEINE *familia*

MEINE NOTIZEN